ALPHABET

MILITAIRE DE IEAN MONTGEON, Sr DV HAVT PVY DE FLEAC, ANGOVMOISIN.

AVEC LES ORDONNANCES DV ROY, SVR LE REIGLEMENT DE L'INFANTERIE.

A PARIS,

Par Antoine Bovrriqvant, au mont S. Hilaire, ruë Chartiere, prés le puits Certain, au Lys Fleurissant.

M. DC. XVI.

A MONSIEVR,
MONSIEVR
LE BARON
D'AMBLEVILLE,
GOVVERNEVR DE LA
VILLE ET CHASTEAV DE
COVGNAC.

MONSIEVR,

Il me reſſouvient avoir leu dans les Commentaires du
Seigneur de Montluc, qu'un iour l'armée du Roy Henry II. eſtans en bataille, on y amena feu Meſſieurs de Guyſe, &
du Mayne encore petits enfans, & comme ils voyoient les trouppes qui faiſoient alte, ledit Sieur de Montluc print vne picque à
vn Soldat, & la miſt ſur l'eſpaule de l'aiſné de ces Priuces, luy
diſant, Monſieur, voyons ſi vous aurez vn iour bonne grace à la
teſte d'vne armée, & luy ayant fait faire ſix ou ſept pas, luy aidant
à ſupporter la picque, s'addreſſa auſſi à M. du Mayne, & luy fiſt

4

le semblable, où ils prenoient grand plaisir, puis leur dict, Messieurs souvenez-vous que Montluc vous a le premier mis les armes sur les espaules, Dieu vueille qu'il vous apporte de l'heur: Ie
diray donc, MONSIEVR, que vous ne devez pas estimer
moins heureux que ces deux Princes en la profession où vostre
rang & noblesse de vos ancestres vous appellent, estant pres un
autre Montluc sçauoir, MONSEIGNEVR, vostre Pere, de qui
vous pouuez apprendre tout ce qui est requis à la perfection d'un
Capitaine, ses actions vertueuses l'ayant eslevé aux charges hono-
rables de ce Royaume, est tellement utile au bien de cest estat,
qu'il semble en estre le ciment, & le nœud gordien.   Ainsi mon
bon-heur me faisant preceder tout autre en la dedicasse de ce petit
Alphabet Militaire. Ie vous supplieray de le recevoir en bonne
part & faire supplication à MONSEIGNEVR vostre Pere
qu'en ses Gouvernemens il vueille permettre les exercices Mili-
taires, suivant l'intention de ce discours, & comme le verrez, s'il
vous plaist prendre la peine de lire le traicté du Capitaine en chef,
l'advis que ie donne au Sergent en suite du Livret d'Arithmetique, vous obligerez la ieunesse de la patrie qui sera mieux stilée à
servir nostre Roy, & moy obligé à prier Dieu, que vous donnant
l'aage & la force, il vous accroisse les honneurs & charges avec
autant de prosperité que vous en souhaittera tousiours

Vostre bien humble serviteur,
MONTGEON DE FLEAC.

AV MESME

SIEVR BARON D'AMBLEVILLE.

SONNET.

IEVNE *aiglon qui defia t'efleuant dans la nuë*
Tourne tes yeux fichez au Ciel de la valeur,
Qui dois paffer les tiens en proüeffe & bõ-heur
Si l'on peut adioufter à leur gloire cogneuë.

La perte d'Illion ne fuft onc advenue.
Ne Xante teinct ces flots de rougeaftre couleur
Sans Pirrhe, qui porté d'une iufte douleur,
Foudroya fes hauts murs comme poudre menue.

Toy feul es creu de tous le Pirrhe des François
L'inexpugnable appuy du fceptre de nos Rois,
Et le tifon fatal des rebelles coho rtes,

Qui foubs tes coups vn iour du monde entier ouys,
Comme efpics abbatus trebuchans demi-mortes
Sacrifieront vn iour au grand nom de LOVYS.

L'AVTHEVR
A SON LIVRET.

VA, leue le sourcil (mon Liuret)
prens courage,
Ouure toy le chemin d'vn mouuement
tres-prompt :
Le seul nom D'AMBLEVILLE escrit dessus ton front,
Te seruira de port au milieu de l'orage.

ALPHABET

MILITAIRE DE

IEAN MONTGEON,

SIEVR DV HAVT PVY

DE FLEAC, ANGOVMOISIN.

LE SOLDAT.

E Soldat doit allant trouver le Capitaine en la compagnie où il desire s'instaler apres l'avoir supplié le vouloir recevoir, luy dira son propre nom, la ville, bourg, ou village de sa naissance, ne taisera point sa qualité telle qu'elle soit, & s'il est de famille roturiere, voire vil ne le nie point faisant toutesfois entendre par parole & voir par effect qu'il desire par le moyen de son espée, & avec l'assistance de Dieu parvenir en autre degré que ce qu'il est à present, & se doibt asseurer que son Capitaine qui a passé, ou le devroit, par ce commencement sçaura bien prendre garde à son intention, que s'il n'a volonté de s'accroistre aux

honneurs & charges, ie luy conseille prendre
autre vacation : car i'estime que celuy qui ne
s'entremet dans les compagnies, que pour vi-
vre ou passer autant de temps, on n'en doit faire estat, que comme d'un manœuure, ou gaste
mestier, ou au contraire celuy qui aura le cou-
-rage releué doit s'asseurer que ceux qui ont
monté les degrez & sont parvenus aux charges, n'ont pas rompu la planche, mais au contraire ont tracé le chemin aux ames genereu-
ses afin qu'ils y arrivent. Ayant donc esté receus & mis sur le roole il demandera au Sergent, ou au membre de la compagnie, voire au
Capitaine, en quelle esquadre il a agreable le
mettre, si l'on ne luy a dict, & apres l'avoir sçeu
yra trouver le Caporal luy faisant avec honneur, entendre sa bonne volonté & son insuffi-
sance, n'ayant point encores pratiqué ne faict
profession du mestier le suppliera luy remonstrer & suppléer à ses defauts, qui seront plu-
stost par inadvertance, que par mauvaise intention. Il sera donc adverty en premier lieu,
soit picquier, mousquetaire, ou arquebusier,
de tenir ses armes nettes & claires : Ie desirerois
que l'on les fist bien fourbir, & mesme passer à
l'esmery, & pour les conserver en cet estat, il
doit en estre fort curieux, & usera d'un pre-
cepte que ie diray à la fin de son discours pour
son devoir, il doit estre tellement attaché qu'il

n'y

n'y doit manquer en rien de sa charge, d'autant
que les fautes qu'il pourroit commettre luy
pourroient oster la vie, ie ne dis pas seulement
à luy, mais à toute la troupe, voire pourroit
estre cause de la perte d'une place.   Estant en
son devoir de sentinelle il ne doit nullement
s'asseoir de peur que le sommeil ne le surpre-
ne, ce qui peut arriver aux plus advisez s'ils
s'assoient ou s'appuyent contre quelque mu-
raille ou arbre. Il se tiendra donc en estat pour
n'estre surprins ie dis de l'ennemy, ne mesmes
des amis faisant ronde, ie l'advertis qu'Epami-
nonde Capitaine Thebain, trouvant vn Soldat
endormy qui avoit esté mis en sentinelle, le
perça tout outre de son espieü, & comme on
luy demanda pourquoy il l'avoit tué, respon-
dit, comme ie l'ay trouvé ie l'ay laissé. De peur
donc de surprise, ne lairra nullement appro-
cher personne de luy sans leur demander, qui
va là? & lors qu'ils auront respondu, se mettra à
quartier pour les laisser passer tenant ses armes
en estat pour s'en servir s'il en estoit besoin,
n'abandonnera le lieu où l'on l'aura mis pour
aucun peril qu'il pourroit voir, & en ces cas
doit faire comme ceux qui bastirent l'arche de
Noé qui la construirent pour sauver autruy &
eux furent perdus, aussi nostre Soldat combat-
tra estant là iusques à l'extremité, donnant l'al-
larme afin qu'on vienne à luy, ne sortira du

corps de garde ſans congé pour quelque ſubjet,
que ce ſoit hors le devoir : Il doit eſtre adviſé,
ayant principalement la crainte de Dieu devant les yeux ne ſera point iureur, larron, ne
yurongne : S'il iouë ce ſera peu, ou point du
tout, pour le mieux diſcret en ſes diſcours
courtois envers un chaſcun, propre en ſes ha-
bits, honorer ſes ſuperieurs, & obeïſſant ſans
murmure, ne ſe plaindre pas pour avoir trop
demeuré en faction, ne pour la fatique qu'il
aura hors de garde, ira tous les matins donner
le bon iour à ſon Capitaine, le conduire où il ſe
va promener, & à ſon retour, eſtant prés la porte du logis ſe retirer ſans aller eſcornifler ou viſiter ſa table, vivant pluſtoſt avec du pain en ſa
chambre, & il verra à la longue qu'il ſera aymé
de ſon Capitaine & appellé: Ie ne deſire, ne luy
conſeille changer de compagnée s'il eſt poſſi-
ble, car en changeant il perd tout le temps paſſé, & les devoirs en quoy il s'eſt mis de bien ſervir. Si par ſortune ſon Capitaine, Lieuténant
ou Enſeigne le vueillent rudoyer de parole,
voire frapper, quelque choſe que ce ſoit, il doit
fuïr leur courroux à leur veuë, en ce temps-là
n'avoir autres armes que les jambes, & bien
qu'il y en aye qui ont dict qu'ayant fuy quelque pas, il doit regarder à ſon eſpée, ce ſont
comptes du temps paſſé. Il doit pareille obeïſ-
ſance à tous les Capitaines du regiment, qui

tous ont puiſſance de le reprendre, & en cer-
tains cas le chaſtier. S'il deſire pour quelque digne ſubjet changer de compaignée ou ſe retirer, il demandera apres qu'il aura ſerui le mois,
ſon congé, faiſant entendre ſes raiſons à ſon
Capitaine, & s'il le refuſe, aura recours au
Maiſtre de Camp. Ie luy ay promis de luy dire
le moyen d'entretenir ſes armes nettes, ce qu'il
fera en ceſte façon.   Il aura ſur luy vne petite
boiſte pleine d'un onguent compoſé de cire,
huile d'aſpic, & graiſſe de mouton, fondu enſemble, & y aura peu de cire afin qu'il ſoit liqui-
de, & de cela frottera ſes armes: Il aura de plus
vne grande placque de cire compoſée avec du
ſuif, & de cela couvrira le baſſinet de ſon arme,
ie dis mouſquet ou arquebuſe iuſques par deſſus la viſiere, & quelque temps qu'il face le
pouluerin ſera touſiours ſec, & l'apportera à
deſcouvert ſur l'eſpaule quelque pluye qu'il
face, eſtant au logis il l'eſſuyera avec vn linge
chaud, il prendra garde d'avoir touſiours de
bon poulverin qu'il fera luy-meſme, & le portera en ſa pochette en temps humide. Pour faire de bon poulverin, il faut calciner ſa poudre,
avec un peu de bonne eau de vie, & apres l'a-
voir bien baſſinée, la concaſſer fort menu en
une eſcuelle d'eſtain, & il verra qu'il ſera fort
ſoudain, auſſi fera ſa meſche. Eſtant en bataille
il armera le rang, & le fera bien droiƈt, s'il faiƈt

l'aifle droicte, aura fon arme hors le rang, & fur
la gauche, de mefme, fi on dict quelque parole
foit pour appeller, ou commander vers la
queuë, difant paffe parole, il fe donnera garde
que la parole ne finiffe en fon rang cela eft pu-
niffable. Se gardera de paroles fales & vilaines
en quelque lieu que ce foit, & nommément au
corps de garde.　　Ie defirerois bien que pour y
paffer le temps on y euft quelque beau livre,
comme les Commentaires de M. de Montluc,
où le Difcours politic du Sr de la Nouë. Noftre
feu Roy le grand HENRY nommoit les fufdits
Commentaires, la Bible des Soldats.　　Ie l'advertis de fe garder bien, foit en jeu ou autrement, de defrober poudre, mefche, ne balle à
fes compagnons, attendu que c'eft crime de
mort, s'empefchera auffi du jeu de langue, &
de main, comme font un monde de jeunes
gens : Prendra certificat de toutes fes mon-
ftres, qui luy fervira pour faire paroiftre de fes
fervices en temps & lieu, gardera auffi fes paf-
fe-ports curieufement.

DV LANCE-PASSADE.

LE Sr de Corbouzon de Mongommery en
fon traicté intitulé, la Milice Françoife,
parlant de l'Etimologie du nom de Lance-paf-
fade, dict que ce nom & couftume d'avoir des
aides au Caporal vient des guerres de Pied,

mond, & que lors qu'un Cauallier auoit perdu cheual & armes, on le mettoit dans les compagnies d'Infanterie, & là seruoit le Roy auec la mesme paye qu'il auoit lors qu'il estoit auec la Cauallerie, & par corruption de langue voulant dire, c'est un Lancier rompu, on la nommé Lance-passade, pour moy ie trouve qu'ils sont fort utiles, mesmement aux garnisons où les esquades entrent en gardes seules, & seroit selon mon jugement besoin en avoir deux en chacune esquade, que seroit six ou huict pour chacune compagnie, attendu que l'un est assez empesché à visiter les sentinelles, l'autre à les aller poser, & à faire une ou deux rondes, ils se soulageront l'un l'autre. Vn homme ne peut pas passer la nuict entiere sans estre incommodé, estant tousiours sur pied, & aussi ces charges se doivent commettre aux appointez: Il y en a tousiours assez dans les troupes pour les rondes. Donc que fera nostre Lance-passade ou appointé, s'il rencontre quelque autre ronde, ils doivent passer sans se donner le mot, bien que quelques-vns ont voulu dire (& s'est pratiqué) que celuy qui descouvre le premier le doit recevoir, je nie cela, & dis que ceste reigle est mauvaise, car elle se pratiquoit pour faire une fausse ronde, je musserois ma lumiere, & moyennant ce i'aurois le mot en quelque place que ce soit. Il ne se donnera donc à personne, si ce n'eſtoit à un chef bien cognu, & dis de plus, que trouvant une contre-ronde que l'on ne cognoiſt, on ſe doit arreſter, & prendre garde qu'il devient juſques à ce que l'on aye veu arriver à un Corps de garde, puis continuer ſon chemin, l'on ne peut ſe goûverner trop ſeurement, meſme en choſe ſi importante.

DV CAPORAL ET CHEF D'ESQVADE.

LE Sr de Corbouzon que i'ay allegué au traicté du Lance-paſſade, dict, parlant du Caporal, qu'il y en a aſſez de deux en une compagnie, l'un pour les Picquiers, l'autre pour les Arquebuſiers : Dict de plus que luy-meſme doit poſer ſes ſentinelles, les viſiter, & recevoir les rondes à la porte du corps de garde, qui ſont choſes incompatibles : qui me faict croire que l'Imprimeur a failly, & n'a eſcrit ſelon l'intention dudit Sr, pource qu'allant viſiter ou changer ſes ſentinelles, il ne ſçauroit recevoir la ronde s'il arriue lors qu'il n'y eſt pas, dit de plus qu'il y en a aſſez de deux en chaſque compagnie, & deſire que les Arquebuſiers ſoyent à part, & les ſepare des Picquiers. Ie croy le contraire & m'en rapporte aux expers, d'autant qu'en un meſme quartier où on faict garde, il eſt beſoin d'avoir de deux ſortes d'armes. De plus s'il n'y a que deux Caporaux il n'y aura pour le ſoulagement du Soldat qu'une nuict franche, qui fait qu'il faudroit que les hommes fuſſent d'acier , encore croy-ie qu'ils ne ſçauroient durer s'ils n'eſtoient bien attrempez. Les reſſorts de vos rouëts d'arquebuſes ou piſtoles perdent leur force pour demeurer trop bandez, s'il le diſoit pour eſpargner les deniers du Roy. Qu'il ſe ſouvienne que Perſe Roy de Macedone fuſt vaincu & mené en triomphe à Rome avec grand quantité d'or & autres richeſſes. Iamais nos Roys ne ſeront ſouffreteux pour bien payer les Soldats. Les grands meſnagers d'argent n'ont iamais gueres fait de bien durant les guerres. Pour parvenir à noſtre Caporal, ie trouve que c'eſt une belle charge , il repreſente un Lieutenant de Roy, ſon gouvernement s'eſtendant iuſques aux limites de ſon quartier, ſa place metropolitaine eſt ſon Corps de garde , d'où il ne doit ſortir que pour recevoir les rondes à la porte, & envoyer ſes Lieutenans ou Lance-paſſades aux autres affaires comme nous avons dit precedemment, pour ſes conditions, il doit eſtre iudicieux & vigilant, avoir la crainte de Dieu devant les yeux , & s'il avoit quelques imperfections, les corriger, de peur de mauuais exemple, empeſcher dans ſon Corps de garde les iuremens, paroles ſales & lubriques, ie dis comme s'il eſtoit en terre ſainɛte. Admoneſter les ieunes Soldats de leur devoir , leur lire quel-

ques livres comme i'ay dit ailleurs, les maintenir en paix & amitié, s'il y a quelque querelle,
la communiquer au Sergent s'il n'y peut mettre ordre, & garder s'il est possible que cela ne
vienne à la cognoissance des Capitaines, sinon
qu'il sçache aussi tost l'accord que le different,
& pour empescher que les Soldats ne soient ré-
prins pour faire quelque faute signalée, il doit
avoir les ordonnances sur le faict de l'Infanterie, & les mettre en placcards, les lire souvent
où il y aura des nouveaux venus, & mesme de
puissance absoluë en peut faire dans son Corps
de garde, comme deffenses de ne laisser l'espée
du costé, le fourniment, ou bandoliere, le hauf-
se-col pour le Picquier, n'avoir arquebuse ou
mousquet qui ne soient chargez à balle ce
qu'il peut voir avec un tire-bourre, mais en
presence de la pluspart des Soldats, non autrement, voir s'il a de bon poulverin au bassinet, si
le serpentin va bien, & remonstrer le tout à ses
Soldats comme le pere au fils, tout cela est de
sa charge, il a de grandes authoritez : C'est luy
qui distribue les logis, les ayant receus du Sergent, comme il faict le pain & le vin & autres
commoditez, s'il y a un Soldat malade, il le
doit visiter, si c'est marchant par pays, prendre
garde à ses armes & bagage, & à le faire traicter.
Et m'asseure que se gouvernant ainsi, il sera ai-
mé de son Capitaine, & honoré de ses Soldats.

Ie

Ie defirerois bien qu'on donnaft à fes gens là
plus d'authorité qu'ils n'en ont, pource qu'elle
ne s'eftend, qu'eftant au corps de garde, & ie
voudrois qu'ils euffent pouvoir fur les Soldats
en tout quartier pour leur fervir de furveillan-
ce & Pedagogue.

DV SERGENT.

LE Sergent eft vne belle charge, & plus fa-
tiguable & difficile que tout autre, ie dis
pour les mediocres. Il doit eftre fort advifé &
paifible, remonftrer aux Soldats leur devoir,
principalement la forme de marcher en bataille, comme il faut porter la picque, l'arquebufe
ou moufquet, lors que l'on faict alte, la façon
de tenir fon arme, la demarche qu'il faut faire
à la cadance du tambour, & tous ces premiers
preceptes, mettant ces Soldats en bataille, ne
les doit rudoyer ne s'y empreffer trop brufque-
ment, ains au contraire quelque diligence
qu'il foit befoin, tenir toufiours une contenan-
ce moderée, i'en ay veu qui s'empefchent fort
& ne font iamais rien qui vaille, ils reffemblent
aux oifeaux prins à l'aiglu, plus ils fe tourmen-
tent, plus ils retardent leur liberté, & au contraire celuy qui fait fa charge avec vn gefte &
maintient attrempé, avancera plus fon œuure
en une heure, que l'autre en un iour. Sa charge
eft donc comme i'ay dict de mettre la compa-

C

gnie en bataille, aller querir le mot au Sergent
majeur, le donner au Capitaine & Caporal al-
lans par pays, il se trouvera aux despartemens
des quartiers, prendra garde où l'on logera le
drappeau, aux barriquades, posera les premie-
res sentinelles en lieu dangereux, fera la charge de Lance-passade, & là menera les Soldats
appointez ou Lance-passades, aux sentinelles
dangereuses : C'est luy qui va querir les muni-
tions, les depart au Caporal, si quelque Soldat
a failly & soit reprins de la Iustice, c'est luy qui
le desarme, s'il est condamné à estre desgradé,
& s'il est accusé à tort, il doit debattre sa cause
pour sa iustification, s'il y a quelque passage à
gagner, ou quelque advantage pour se loger,
ou affaire où il faille seulement 30. ou 40. Soldats. On donne ordinairement ceste charge à
vn bon Sergent, voire pour gagner quelque
petite contrescarpe, aux escarmouches vont
querir les Soldats pour le rafraischissement
des autres, il est besoing qu'il sçache lire escri-
re, & qu'il entende quelque chose de l'Arithmetique, & à deffaut qu'il ne l'entende, ie luy
ay dressé une forme de livret de l'extraction de
la Racine quarrée : cela luy servira à bien dres-
ser son bataillon, & pour aider & secourir le
Sergent majeur lors qu'on fera les exercices: Il
peut aux Soldats trop grossiers, & autre qui ne
feront leur devoir par une negligente opinia-

ftreté, les toucher de l'ampe de l'allebarde, ie
l'advertis que ce foit rarement, & s'il a quelque
animofité qu'il ne fe feruë pas de cefte occa-
fion, car au contraire il luy en doit laiffer paffer, & fe reffouvenir ou apprendre que Iules
Cæfar irrité contre vn des fiens, luy dict au rap-
port d'Efuetonne, fi ie n'eftois en cholere, ie te
chaftierois. Parole à la verité digne de Cæfar.

DE L'ENSEIGNE.

I'Approuve la couftume qui eft introduite
depuis peu, de donner les Enfeignes à des
Cadets ou Gentils-hommes de maifon, qui
ayant moyen de defpendre parmy les Soldats
fon aage, fe licentiera bien qu'il compagnonne
avec eux, il eft vray qu'une trop grande privau-
té engendre du mefpris, ce que fa prudence
empefchera, pource que i'eftime qu'on ne doit
point emplacer en cefte charge, qu'il n'aye un
peu frequenté les troupes, ie defirerois pour-
tant l'Enfeigne vacquante, puis que par l'an-
cienne practique elle appartenoit au premier
Sergent qu'il en fut remuneré, luy donnant
paye d'Enfeigne, avec promeffe de la lieute-
nance lors qu'elle vacquera. La verité eftant
que cefte reigle ayant defailly, ie croy que c'eft
à bon tiltre, n'y ayant gueres d'apparence de
voir à un pauvre Soldat, bien que vaillant, porter eftant mal veftu un drappeau, qui eft la

marque Royalle, l'honneur de la compagnie,
& la guide des Soldats, & bien que l'habit ne
ferue de rien, que pour conferuer du froid, ou
couvrir le corps humain en Efté, fi eft ce que
cela a tres-bonne grace, & un homme mal ac-
commodé perd courage & demeure eftonné
en bonne compagnie.　　Pour le regard de fa
charge: Il doit, marchant par pays, en lieu non
fufpect des ennemis, porter fon drappeau à
mille pas hors du bourg puis le donner à quelque Soldat ou fien feruiteur domeftic, homme
grand & fort, qui le portera tout le iour en lieu
de peril ne l'abandonner point, cependant il fe
pourra tenir avec les Capitaines à la tefte de la
trouppe, difcourant priuément, tantoft avec
un Soldat, tantoft avec l'autre: cela faict ou-
blier aux Soldats la fatigue du chemin, s'il a vn
bidet auprçs de luy, ce fera pluftoft par conte-
nance que pour s'en feruir: fi ce n'eft parmy de
grandes bouës, & mauvais chemins, & au lieu
toutesfois de le faire mener en main fera mon-
ter quelque Soldat qu'il verra las & arraffé, ar-
rivant prés du rendez-vous, ou quartier, il
prendra fon drapeau, & ne le lairra qu'il ne foit
logé, prendra garde à fa barriquade, & aux fen-
tinelles & avoir touſiours le tambour logé proche de luy, qui couche à fon logis, ou fera le
corps de garde, fera adverty qu'en un iour de
combat, le malheur advenant d'un defavanta-

ge, le taffetas luy doit servir de linceul pour
l'enfevelir ; & fi c'eft une vieille compagnie où
il n'y a qu'une efcharpe : le bafton de l'enfeigne
fera pour luy fervir de cierge : cela fuft practi-
qué en ce pays y a 26. ou 27. ans par un ieune
Gentil homme aagé de 16. ou 17. ans, fils de M.
d'Ars qui pour lors eftoit Enfeigne de la Compagnie du Capitaine Beaumond, Gentil-homme de Xaintonge : ce fut à la prinfe de Taillebourg, à la barriquade pres la halle, & là ayant
faiét ce qu'un homme de bien peut faire, fuft
tué dans fon drappeau, avec le defplaifir de
tous ceux qui l'avoient feulement veu, ayant
en cela imité Cæfar, lors qu'il fuft tué au Senat
par Brutus, l'un fe couvrit la tefte de fa robbe,
& l'autre de fon Enfeigne. I'ay voulu inferer
icy un Sonnet que i'ay recuéilly dans les œu-
vres du Sieur de la Croix Maron, qu'il fit lors
qu'il fut tué.

SONNET.

CHaftellier qui avoit plus de valeur que d'aage
Voyant à Taillebourg entrer de toutes pars
Les ennemis tuant, & forçant les rempars,
Il defprifa la mort, fa furie & fa rage.
D'un valeureux deffein au milieu du carnage
Courageux il s'eflance, & comme un ieune Mars
Frappant & renverfant, crioit à moy Soldats,
A l'honneur, au combat, monftrons noftre courage.
L'effort fe faiét plus grand, il eft abandonné,
A donc les ennemis qui l'ont environné,
Admirent la grandeur de fon cœur indomptable.
Son fang par tout ruiffelle, alors dans fon drappeau
Il faiét fa fepulture : ô la mort honorable :
Eft-il plus beau mourir, ou plus riche tumbeau.

DV LIEVTENANT.

LA charge du Lieutenant eſt la meſme du Capitaine en chef, en ſon abſence, n'y ayant nulle difference, l'on commet les commandemens où il y a peril eminant pluſtoſt au Lieutenant qu'au chef, comme la recognoiſſance des breches, le logement ſur une contr'eſcarpe importante & difficile, car où il n'y a grande difficulté: c'eſt viande pour un Sergent comme nous avons dict en ſon lieu, mais où il faut mettre la main à l'œuvre à bon eſcient on donne à un Lieutenant quinze ou vingt Soldats de chaſcune cómpagnie du regiment, & puis va à ce qui luy eſt commandé, c'eſt un ſoulagement pour les Capitaines, & cela leur donne moyen de demeurer à la ſuitte du Colomnel, ou du Maiſtre de Camp, ſans qu'ils ayent ſoing de leurs trouppes. I'ay ſouvenance de les avoir veuz licencier du temps du Roy. Charles IX. il eſt vray qu'ils eurent le choix de reprendre les Enſeignes ſi bon leur ſembloit, & en ce faiſant les Enſeignes eſtoient ſans party, ie ne ſçay d'où cela pouvoit naiſtre, mais ie ſçay qu'incontinant apres nous fuſmes à la guerre, ce fut preciſément auparavant la S. Barthelemy, i'eſtois alors en garniſon à Abeuille, de la compagnie de M. d'Egueries l'aiſné, qui avoit le Regiment de Piedmont, & avions pour noſtre Enſeigne le Capitaine Serres, qui depuis a eſté nommé Mr de Vic, qui eſt mort Gouverneur de Calais, c'eſtoit un brave Gentil-homme, car bien qu'il fuſt lors ieune, ſi eſt-ce qu'on pouvoit iuger avec la petite charge qu'il avoit, qu'il ſeroit un iour grand perſonnage, ie ſuis tenu en bien parler, c'eſt luy qui premier me miſt l'arquebuſe ſur l'eſpaule, il eſtoit ſeul à la compagnie, noſtre Lieutenant s'eſtant retiré licencié comme i'ay dict, & le Sr de Gueries noſtre Chef eſtant prés M. de Strocy, Colomnel, Vous euſſiez iugé voyant les comportemens de ce ieune homme, que c'eſtoit un Precepteur, & vray mirouër de vertu, ie croy qu'en ce temps-là, nous honorions plus un Caporal, qu'on ne fait auiourd'huy un Capitaine.

DV CAPITAINE EN CHEF.

LA charge d'une compagnie en Chef, n'eſt pas petite, & ce nom de Capitaine eſt fort honnorable & de grand poix, bien qu'il ſemble à preſent qu'il ſoit deſdaigné, ie me reſſouuiens ſeulement du temps que ie prins les armes, & que i'ay allegué cy-deſſus, nous n'appellions nos Capitaines que de ce nom là, & meſme devant la Rochelle, lors que nous parlions des Maiſtres de Camp, on diſoit le Regiment du Capitaine Guas, le Regiment du Capitaine Goas, de Coſſins, de Poillac, & ainſi des autres:

Auiourd'huy ce feroit offencer fon fimple Capitaine, fi on ne difoit Mr. Ie croy que c'eft un erreur pour leur charge, ie n'en parleray pas, pource que i'eftime qu'il n'y en aye point en France, qui n'entende mieux le meftier que moy, toutesfois comme François qui defiroit bien voir l'Infanterie en fa fplendeur, voire voir pratiquer en perfection l'art Militaire. I'en diray un petit mot. Les compagnies font entretenuës en France pour trois principales raifons. La premiere, pour empefcher les furprifes que pourroient faire les ennemis fur nos places. La feconde, pour recompenfer les Gentils-hommes & bons Soldats qui ont bien & dignement feruy: La troifiefme, afin d'entretenir la Milice en fa force, rendre les Soldats entretenus, parfaicts ou approchants de la perfection, afin de dreffer, ftiller, aguerrir les nouveaux, lors que la neceffité contrainct de dreffer des nouvelles troupes, car en ce temps-là on prendra pour faire des membres de compagnies, ceux-cy pour feruir de Precepteurs aux autres, chofe qui a efté bien eftablie : mais à la verité on l'obferve mal, n'y ayant auiourd'huy dans nos vieilles bandes excepté aux gardes, aucun exercice qui fe pratique, que ceux defquels on ne fe peut paffer, qui eft de mettre les Soldats en fentinelle, & faire quelques rondes, cela eft peu ou rien du tout. Ie defirerois voir

dreffer

dreſſer des bataïllons, faire des marches & contre-marches, aller à l'eſcarmouche, tirer des files & demy files du bataillon, & ayant fait leur
Salve, le remettre, & en faire ſortir d'autre ſans
le rompre & meſmes pour un beſoing, le faire
tout combattre ſans deſordre, ce qui ſe peut,
doit ou devroit pratiquer en toutes garniſons,
& pour ceſt effect les chefs devroient faire ſup-
plications aux Seigneurs Lieutenans de Roy,
& Gouverneurs des Provinces y apporter leur
autorité. J'entens, ce me ſeble, une reſpôſe d'aucuns qui diſent: ceſtuy-cy parle avec ſa plume,
& n'a pas le iugement de cognoiſtre qu'en ce
païs, ni meſmes en Picardie nous n'avons dans
les places que deux ou trois compagnies au
plus, & chaſcune de 50. hommes, noſtre bataillon ſeroit bien petit, n'y ayant que dix hommes
pour teſte à nos files bien aiſés à faire tirer hors.
Ie reſpond à cela que nous ſommes tous François, & faudroit crier à l'aide voyſin, & emplo-
yer les habitans qui ſont ſerviteurs du Roy, &
qu'il ſeroit bon qu'ils fuſſent aguerris. Numa
Pompilius grand politic, & fort adviſé, lors
qu'il fut eſleu pour commander à Rome voyât
qu'entre les anciens Romains, & les Sabbins y
avoit de l'envie & des querelles, afin de les in-
corporer enſemble, inſtitua des feſtes de chaſque eſtat, & en ces iours les faiſoit promener à
invoquer leurs Dieux, les rendans comme fre-

D

res & compagnons, ainſi en pourroit-on uſer
entre le Soldat & le Citoyen, ou communé-
ment quelque animoſité, en ſourdine les mettant en bataille enſemble, & les animer à qui
mieux feroit : & lors vous verriez que les troupes ſeroient vraies eſcholes. Ie tiens qu'on doit
en temps de paix apprendre les preceptes Sol-
datiques par Theoriques, & durant la guerre
par Pratique.

POVR M'ACQVITER DE PROMESSE
au Sergent, ie commenceray l'extraction de
la Racine quarrée.

PREMIEREMENT.

Nombre.	Racine.
D'un prouient	1
4	2
9	3
16	4
25	5
36	6
49	7
64	8
81	9
100	10
121	11
144	12
169	13
196	14
225	15

Nombre	Racine.
256	16
289	17
324	18
361	19
400	20
441	21
484	22
529	23
576	24
625	25
676	26
729	27
784	28
841	29
900	30
961	31
1024	32
1089	33
1156	34
1225	35
1296	36
1369	37
1444	38
1521	39
1600	40
1681	41
1764	42
1849	43
1936	44
2025	45
2116	46
2209	47

Nombre.	Racine.
2304	48
2401	49
2500	50
2601	51
2704	52
2809	53
2916	54
3025	55
3136	56
3249	57
3364	58
3481	59
3600	60
3721	61
3844	62
3969	63
4096	64
4225	65

SErgent, pour m'acquiter de promeſſe, ie t'ai voulu dreſſer ce Livret d'Arithmetique iuſques au nombre de 4225. Eſtimant que c'eſt le plus fort bataillon que l'on puiſſe dreſſer, que de quatre mille hommes, les deux cents vingt-cinq ſeront pour faire des pelotons ou manches, de façon que ſçachant le nombre de toutes les troupes, tu n'auras qu'à diſpoſer les armées, ce que tu feras à l'œil : D'ailleurs ie deſirerois bien pouvoir te monſtrer la forme de tirer tes files ou demy files de ton bataillon, & y ſtiller les Soldats qui ne ſçavent ceſt exercice.

Tu donneras à des Soldats que tu choisiras des plus pratiquez la charge de chef de file & demy file lesquels seront signalez, afin que ceux qui les doivent suivre ne se trompent, comme tu advertiras les Saldats de recognoistre bien ceux qui seront devant eux, chascun endroict soy, & lors que tu les voudras faire sortir du bataillon tu rappelleras file, & la file sortira entiere, si au contraire tu dis demy file, la demie viendra. Ils seront advertis, ou ceux de la gauche, ou ceux de la dextre, qui sera le premier commandé, tu les feras sortir du bataillon du costé le plus esloigné de l'ennemy, & laisseras le bataillon à gauche, afin qu'ils soient à la bonne main pour faire leur *Salve*, puis les faisant retourner en leur place, ils feront le tour du bataillon pour se remettre, le laissant à gauche, & fera sortir l'autre file ou demy file, passant par les intervalles qui seront entre les bataillons & les pelotons: si tu trouue qu'il soit bon d'en faire sur les quatre coings du bataillon, ce que ie trouve avoir fort bonne grace, & est util, puis dés lors qu'ils commenceront leur *Salve*, l'autre file commencera à s'acheminer, afin qu'il y aye tousiours des hommes pour entretenir l'escarmouche, & les faisant retourner en leur place, tu peux faire tout sortir sans rompre ton ordre. Il y a d'autre traicts en l'exercice necessaires, les marches, & contre-marches, qui se font

en ceſte ſorte, lors que tu diras, A droiƈt, incon-
tinent les premiers rangs ſe tourneront à droit,
comme feront auſſi tous les autres conſecutivement, ſe mettant ſur leurs armes, comme ſi
l’ennemy eſtoit à vingt pas pres, les arquebuſes
& mouſquets en eſtat, & les picques baſſes, ſi
tu dis à gauche, tout de meſme, & ſi tu com-
mande demy tour à droiƈt, ils feront le ſemblable, & en diſant remettez-vous, chaſcun ſe re-
mettra en ſon premier ordre. Ce commande-
ment ſe fera à voix baſſe, & ſuffira que le premier rang l’entende : & au meſme temps qu’il
ſe remet à ſon debvoir, tous les autres avec une
grande preſteſſe doivent faire le ſemblable, ſe
ſervant plus de l’œil que de l’oreille ; de façon
qu’executant bien cela, on jugera que toute
ceſte groſſe trouppe a vn meſme mouvement.
Il y a auſſi la conuerſion, qui n’eſt autre choſe
que ſerrer fort les rangs, que ie croy ne ſervir ſi-
non pour empeſcher qu’on ne puiſſe iuger le
nombre d’hommes du bataillon, ou pour ſe
couvrir des canonades : & ſi l’on en eſt incommodé, & qu’il y euſt moyen de ſe couvrir de
quelque petite tertre ou boſquet, eſtât preſſez.
Il y a auſſi vn autre qui ſe pratique, qu’on nom-
me Enuoyer les Soldats à la paille ou fourage,
qui ſe fait en ceſte ſorte. On fait poſer les armes bas aux Soldats, chacun en ſon rang, puis
on les envoye à cent ou deux cents pas de là, &

faiſant donner l'alarme, ils reviennent tous en
foule reprendre les armes, & ſe remettre. Ie
croy que cela ſert comme une excellente gra-
ueüre ſur un roüet & canon d'arquebuſe ou pi-
ſtolet pour faire admirer l'ouvrage , & loüer
l'ouvrier, ſi ce n'eſt lors qu'on veut fortifier un
Camp, on pourra faire travailler les Soldats, &
ſi les ennemis ſurviennét, ils ſe pourront, eſtant
ſtilez, remettre d'eux-meſmes en bataille. C'eſt
ce que ie te puis dire ſur ce ſubject: ie t'advertis
ſeulement qu'en toutes tes expeditions tu ne
te precipite iamais: Qui ſe haſte, & crie fort, ne
fait rien qui vaille.

FIN.

MONTGEON.

ORDONNANCE DV ROY, SVR
le Reglement & ordre que doit tenir
l'Infanterie.

E Roy Henry II. apres la prise de Boulongne, recognoissant & approuuant l'ordre qui auoit esté tenu en vn si long siege, demanda au sieur de Chastillon qui faisoit la charge de Colomnel general de l'Infanterie Françoise, quels preceptes il avoit tenu pour maintenir les Soldats en leur devoir: Et lui commanda mettre par escrit les ordonnances qu'il avoit dressées pour cet effect, & les ayant communiquées à Messieurs les Connestable & Mareschaux de France, & autres grands personnages, les fit verifier és Cours où il estoit besoing de servir de Loy à l'advenir en forme qui ensuit.

PREMIEREMENT.

Qve les Capitaines ne suborneront les Soldats les uns des autres, ni ne les recevront en leurs compagnies sans avoir congé par escrit du Capitaine qu'ils laisseront, sur peine d'estre privez pour ce mois de leur estat, appliquable au Capitaine d'où ils partiront, avec obligation de les rendre & renvoyer à leurs Enseignes.

Apres la monstre faicte le Capitaine ne pour-

ra donner congé au Soldat qu'il n'aye servy le
mois, & le Soldat qui partira sans congé par escrit sera passé par les picques ou arquebuzes
selon les armes qu'il porte, & en demandant
congé avec occasion trois iours avant la fin du
mois, le Capitaine sera tenu luy donner & si-
gner ; autrement luy sera commandé par le
Colomnel ou Maistre de Camp, à qui le Soldat aura recours.

Quand les bandes deslogeront de lieu à autre,
le Soldat ne pourra changer ne abandonner
son Capitaine, sur peine, si c'est dans le mois,
d'estre passé par les armes, & si c'est à la fin, sera
mis l'espace d'un mois en prison, & incapable
de pouvoir estre receu de nul Capitaine trois
mois apres.

Les armes que le Soldat aura iouées seront
confisquées à son Capitaine, & les pourra prendre où il les trouvera, estans perduës tant pour
celuy qui les aura iouées, que pour celuy qui
les gaignera, & si sera mis le perdant en prison
huict iours.

Le Soldat qui vendra ou engagera ses armes,
elles seront confisquées à son Capitaine, ainsi
que dessus.

Le Soldat qui faudra à la faction sans licence
de son Capitaine ou autre excuse legitime, sera passé par les armes.

Le Soldat qui ne se trouvera aussi prompte-

ment à une alarme, ordonnance ou autre affaire, côme son Enseigne, sera passé par les armes.

Le Soldat qui sans excuse legitime abandonnera le guet, escoute ou autre lieu où son Sergent l'aura mis, sera passé par les armes.

Le Sergent Majeur sera obey des Capitaines
Officiers & Soldats, en ce qu'il commandera
en son office, & ce sur peine si c'est du Capitaine ou Officiers, d'estre punis arbitrairement
du Colomnel, si c'est Soldat, de demander pardon au Roy, au Colomnel, au Sergent Majeur
devant toutes les compagnies, & estant des-
poüillé & desgradé de toutes armes, banny des
bandes.

Celuy qui iniuriera le Sergent Majeur en
faisant son office, si c'est Capitaine sera puny
arbitrairement par le Colomnel, & si c'est Soldat sera passé par les armes.

Les Capitaines facent chascun en leurs bandes que tous Soldats obeissent à leurs Sergents
& chief d'esquades, à leurs offices sans les iniurier, sur peine, si l'iniure est verbale, de luy demander pardon devant toutes les bandes, & si
elle est de faict, d'estre passé par les armes.

Le Soldat qui en guerre donnera cry d'une
nation sera passé par les armes.

Quand une querelle surviendra entre deux
ou plusieurs, nul, s'il n'est Capitaine ou Officier n'y pourra porter aucunes armes que son

eſpée, ſur peine de confiſcation d'icelles, & de
punition à l'arbitrage du Colomnel.

Si un Capitaine ou Officier de Bande ſur-
vient à une querelle, & qu'il trouve quelque
Soldat ayant l'eſpée au poing, & ſoudainement
pour les deſpartir criera, ceux qui ont mis l'eſpée au poing ne pourront plus tirer nuls
coups, à peine d'eſtre paſſez par les armes.

Le Soldat qui a querelle à un autre ne pourra
s'accompagner, ſur peine que luy, & ceux qui
l'accompagneront, ſeront paſſez par les armes.

Le Soldat qui de guet apant meſchamment
& avec advantage tuera ou bleſſera quelque
autre, ſera paſſé par les armes.

Le Soldat qui ſans legitime occaſion dira iniure qui touche l'honneur d'un autre, ladite iniure & honte retournera à luy-meſme, & luy
ſera declaré devant tous ſes compagnons.

Quand un Soldat avec advantage en aura
faict deſdire un autre de quelque choſe, le Capitaine à qui ſera l'aſſaillant fera demander
pardon à l'aiſſailli, eſtant la deſdite nulle, & ledit aſſaillant banni des bandes.

Le Soldat qui ſans iuſte occaſion deſmentira
un autre, ſera mis en la place publique, & enſeigne deſployée, & teſte nuë demandera par-
dõ au Colomnel, & à celuy qu'il aura deſméti.

Le provocquateur d'une querelle ſans legitime occaſion, perdra le Camp & les armes.

Le Soldat qui donnera un soufflet à un autre, pour moindre occasion que d'un desmenti, en recevra un autre de celuy à qui l'aura donné, en la presence du Colomnel, ou du Maistre de Camp, & sera banni des bandes.

Quand deux Soldats auront une querelle, se retireront à leurs Capitaines, qui regarderont à les accorder, lesquels en communiqueront au Maistre de Camp, & là où ils ne les pourront appointer, feront entendre le faict au Colomnel pour en ordonner la raison.

Quand un Soldat refusera de payer à un autre, ce qu'il doit, le crediteur se retirera au Capitaine du debteur, qui le fera payer aux monstres, sans venir par voye de question, sur peine arbitraire.

Nul Soldat ne pourra presenter nul cartel à un autre sans licence du Colomnel, sur peine d'estre desgradé des armes, & banni des bandes.

Le Soldat qui outrage un autre, ou desgainera sur luy estant en güet, ordonnance, ou faction, sera passé par les armes.

Celuy qui mettra les mains aux armes dedans les villes ou places de garde, perdra le poing publiquement.

Le Soldat qui en combatant perdra ses armes laschement, & qui se rendra sans grande occasion, sera banni des bandes, & incapable de iamais porter armes.

Le Soldat ne lairra aller prisonnier de guerre sans le dire à son Capitaine, qui en advertira le Colomnel, sur peine d'estre condamné selon sa qualité.

Le Soldat qui en assaut, ou prinse de place ne suivra son Enseigne, pour s'amuser à saccager ou autre profit apres la place prinse sera devalisé, desgradé & banni des bandes.

Le Soldat qui desrobera biens d'Eglise à la guerre ou autrement, sera pandu & estranglé.

Le Soldat ne pourra parlementer, ne avoir cognoissance à Trompette, Tabourin, ny autre des ennemis sans le congé de son Capitaine, ne Capitaine sans congé du Colomnel.

Celuy qui forcera femme ou fille sera pendu & estranglé.

Celuy qui destroussera vivandiers ou marchands des nostres, sera pendu & estranglé.

Le Soldat qui entrera ou sortira d'une place de garde ou autre lieu, que par les passages ordinaires sera passé par les armes.

Le larron de boutique sera pendu & estrãglé.

Le Soldat qui pipera au ieu, ou desrobera les armes d'un autre sera pendu & estranglé.

Le Soldat qui blasphemera le nom de Dieu en vain sera mis en place publique au Carquant par trois iours, trois heures à chasque fois, & à la fin d'iceux teste nuë demandera pardon à Dieu.

Quand l'Enseigne marchera par les champs le Soldat ne l'abandonnera pour aller en fourrage ou autre lieu, sans congé de son Capitaine, sur peine d'estre passé par les armes.

Nul Soldat ne pourra iniurier n'empescher le Prevost des bandes ou ses gens sur peine de la vie.

Quand le Colomnel demandera le Soldat delinquant, celuy qui le recelera, ou fera fuir, sera puny au lieu du fugitif.

Tout Capitaine trouvant un Soldat, faussant les susdites Ordonnances, le pourra punir & chastier, autant d'autre compagnie que de la sienne, sans en pouvoir estre reprins de personne.

TOVS lesquels Articles d'Ordonnance cy dessus incerez. Nous voulons estre entendus generalement & particulierement pour les Capitaines & pour les Soldats, à la discretion du Colomnel. Donné à Blois, le 20. iour de Mars, l'an de grace 1550. à Pasques, & de nostre regne le quatriéme.

INSTRVCTION POVR DON-
ner le Morion aux Soldats manquants en leur devoir estant en garde, avec les causes pour lesquelles ils le doivent avoir.

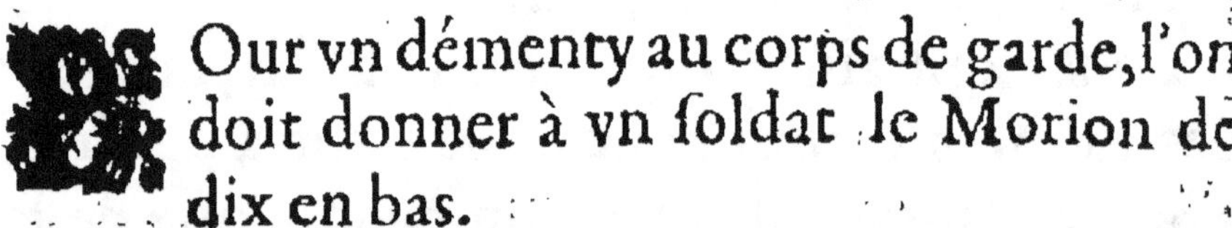

PREMIEREMENT.

Our vn démenty au corps de garde, l'on doit donner à vn soldat le Morion de dix en bas.

Qui mettra l'espée à la main, plus proche du corps de garde que la longueur d'vne picque, l'aura aussi de dix en bas.

Qui pettera, ou iurera le nom de Dieu au corps de garde, & en pissera plus pres que la longueur d'une picque aura les honneurs.

Qui tirera son arquebus sans congé de son Caporal, ou qui entrera en garde sans muni- tion de balle & pouldre, & tiendra son arque- bus non chargée & esmorchée, aura aussi les honneurs.

Qui deschaussera ses souilliers tous deux à la fois pour se chauffer, ou qui s'en ira sans con- gé, aura aussi les honneurs.

Qui fera quelques indignitez aux armes, ou maniera celles de son compagnon sans le con- gé de son Caporal, aura aussi les honneurs.

S'ENSVIT LA FORME QV'ON TIENT
pour donner le Morion.

PRemierement celuy auquel on veut donner le Morion doit eslire son parrain tel que bon luy semblera pour luy donner, pourveu qu'il soit de l'escoüade.

Le parrain doit demander permission au Caporal de le donner, & que les fautes qu'il y pourroit faire luy soient pardonnées.

Le parrain doit desarmer celuy auquel il doit donner le Morion, & luy mettre une hallebarde en la main, & sur la poincte d'icelle mettre le chappeau de celuy qui doit avoir le Morion: puis prendra une arquebus, & l'ayant en la main, dira fort haut, Messieurs l'on vous faict à sçavoir que le Morion se va donner. *Et apres avoir quitté son chappeau, & avoir esveillé tous les Soldats qui dorment, si aucuns sont, commencera en ceste forme.*

Premierement fera le signe de la Croix, sur la crosse de l'arquebus, puis la baisera & fera baiser à celuy qui doit avoir le Morion, & commencera en ceste forme à frapper sur le derriere ou devant des fesses d'iceluy, pour chasque parole un coup.

Honneur à Dieu, Service au Roy, Salut aux armes, Passe Morion, Morion passera, ton cul le payera, si tu n'eusse point offensé, ton cul ne l'eust

l'euſt point payé , voila pour la nique, voila
pour la noque, voila pour celuy qui le toque,&
celuy qui le toquera Dieu le garde mal, voila
pour toy, voila pour moy, le tout pour toy, &
rien pour moy, & le tout pour le ſervice de
Dieu & du Roy : han planc, mon compagnon
m'entens-tu bien? ſi tu ne m'entens, ton cul le
ſent.

Suis-ie pas ton parrain? *faut que le Soldat reſponde*, oüy.

Le parrain eſt tenu de remonſtrer à ſon fillou
iuſques en l'aage de ſept ans & demy ma tante,
& au bout des ſept ans, le grand diable empor-
te le fillou, & Dieu garde mal le parrain.

Pour les mieux ſçavoir il les faut conter, 1.2.
3 4.5.6.7.& demi. Et de 7.à 6.& de 6.à 5. & de
5.à 4.& de 4. à 3. & de 3. à 2. & de 2. à 1. tu n'en
auras plus qu'un,& d'un ambigu,& pauure cul
que feras tu, & tant tu ſeras auiourd'huy battu,ſi tu n'euſſe point offenſé le Corps de garde,
ton cul n'euſt point eu ſur ſa barbe.

Hep, double hep,ſentinelle fais-tu bon guet?
La ſentinelle doit reſpondre,ô le beau temps qu'il
faict. *Faut demander*, Combien paſſe-il de chevaux? *la ſentinelle reſpondra*, Pour le moins dix,
*leſquels il faut conter les uns apres les autres comme
deſſus.*

*Celuy qui donne le Morion doit dire tout haut,*On
vous faict à ſçavoir que les honneurs ſe vont
donner, *Et doit commencer.*　　　　　　　F

Voila pour le Roy à qui Dieu doint bonne vie, santé & prosperité, & toute benediction demeure eternellement sur luy. Voila pour la Reyne. Voila pour la Reyne sa tres-honorée Dame & Mere. Voila pour Monsieur le Duc d'Anjou frere du Roy. Voila pour Mesdames ses sœurs, &c.

L'on peut nommer apres tous les Princes par leurs noms, tous les Officiers de la Couronne, tous les Mareschaux de France, puis faut nommer le Chef du Regiment soubs lequel la Compagnie marche, & puis faut nommer le Sergent Major, puis les trois Capitaines de la compagnie dont est ledit soldat, les Sergens, Caporal, & Lance - passade de l'esquade dont est ledit soldat, & pour tous les bons compagnons, il n'y en a pas un d'eux qui desire faire la faute qu'avez faicte. *Apres avoir dit le nom de celuy qu'on desire nommer, faut dire à la fin,* Voila pour luy à qui Dieu doint bonne vie, passe la remie, & la remie passera, & ton chien & puant de cul le payera, si tu n'eusse point offensé le Corps de garde, ton chien & puant de cul n'eust point eu sur sa barbe, voila pour toy, voila pour moy, le tout pour toy, & rien pour moy, le tout pour le service de Dieu & du Roy.

Fin des Honneurs.

S'enfuit le Morion de dix en bas.

PRemierement, il faut demander à celuy auquel on doit donner le Morion s'il est Gentilhomme ou soldat, S'il faict response qu'il est Gentilhomme & soldat davantage. On luy dira qu'un Gentilhomme doit avoir douze chiens courans, & pour le mieux sçavoir il les faut conter, 1. 2. 3. &c. & retourner de 12. a 11. & de 11. à 10. & de 10. à 9. & de 9. à 8. & de 8. à 7. & de 7. à 6. & de 6. à 5. & de 5. à 4. & de 4. à 3. & de 3. à 2. & de 2. à 1. & tu n'en auras plus qu'un, passe la remie, & la remie passera, & ton chien & puant de cul le payera, Si tu n'eusse point offensé le Corps de garde, ton chien & puant de cul n'eust point eu sur sa barbe.

Il luy faut quatre levriers. *Les conter, & finir comme dessus.*

Il luy faut deux bassets, *& les conter, & finir comme dessus.*

Il luy faut quatre espigneux, *& les conter & finir comme dessus.*

Le parrain luy doit demander s'il a beaucoup de chevaux à l'escuirie, la sentinelle ou autre du Corps de garde respondra, Il faut pour le moins dix chevaux, & les conter, & finir comme dessus.

Il luy faut dire, Il luy faut pour le moins quatre oiseaux de chasse a un Gentilhomme comme vous, *& les conter & finir comme dessus.*

Il vous faut deux chiennetiers pour gouverner vos chiens, *& les conter & finir comme deſſus.*

Il vous faut deux fauconniers pour gouverner vos oiſeaux, *& les conter & finir comme deſſus.*

Il vous faut trois palefreniers pour penſer vos cheuaux, *& les faut conter, &c.*

Vn Gentilhomme d'honneur, de bonne part, & de bonne famille, riche comme vous, doit auoir pour le moins deux pages & quatre laquais, qui font ſix, & pour le mieux ſçauoir. *Il les faut conter & finir comme deſſus.*

Il vous faut un maiſtre d'Hoſtel, deux Gentils-hommes, vn Secretaire, & un valet de chambre, qui font cinq, & pour les mieux ſçauoir. *Il les faut conter, &c.*

Il vous faut un cuiſinier, & deux ſoüillons de cuiſine, qui font trois, *Il les faut conter, &c.*

A la fin faut que le parrain die, O que c'eſt une belle qualité que d'eſtre Noble, tout le monde n'en a pas tant comme vous, paſſe la remie, la remie paſſera. Haü compagnon fais tu bon guet? *la ſentinelle reſpond ou autre Soldat :* O le beau temps qu'il faict.

Il faut que le parrain demande combien il y a de tours en la maiſon noble. S'il reſpond qu'il n'y en a point, il faut qu'un de la compagnie reſponde qu'il a veü la maiſon de Monſieur, & qu'il y a quatre tours, un ravelin, & ſur chaſcune tour une guerite, qui ſont en nombre de huict, lesquels il faut conter & finir comme deſſus.

Fin pour la Nobleſſe.

Pour un qui ſe dict eſtre Gentilhomme pour les armes qu'il porte, & Soldat pour la vie.

IL luy faut demander quelles armes il porte. S'il reſpond qu'il porte une arquebus, il luy faut demander quelle arquebus, s'il reſpond qu'elle eſt à rouët, il faut conter tous les avis du canon.

Premierement voila pour le canon. Voila pour le fuz, voila pour la roüe, voila pour la platine, voila pour l'arbre, & conſecutivement de toutes les pieces de l'arquebus.

Pour un qui a une arquebus à mèche.

Il luy faut auſſi nommer toutes les pieces de ladite arquebus.

Il faut luy demander combien il a de charge de pouldre. S'il reſpond qu'il n'en a que deux, le parrain luy doit remonſtrer qu'un Soldat comme luy doit avoir pour le moins ſix charges de pouldre. Vn ſoldat de la compagnie pourra lors luy offrir & dire qu'il a à ſon ſervice demie douzaine de charge de pouldre, & pour le mieux ſçavoir il faut le tout conter & finir comme deſſus.

Il faut que le parrain luy demande combien

il a de brasse de mesche, s'il respond qu'il n'en a que six, il faut le laisser là , & pour les mieux sçavoir, *les faut conter &c.*

Il luy faut demander combien il a de balles, s'il respond deux ou trois, il faut qu'un soldàt de la compagnie die qu'il en a une douzaine à son seruice, & les conter & finir comme dessus.

Apres le parrain dira , ayant fini pour l'arquebus balles & mesche,

Voila pour ton espée, voila pour la pougnee, voila pour la garde, voila pour le pommeau, voila pour la riveure (vous sçavez qu'il faut qu'elle soit rivée, car si elle n'estoit rivée elle ne tiendroit pas) voila pour le fourreau , voila pour le bout, voila pour l'esplingle qui tient le bout, voila pour les pendants, voila pour les boucles, voila pour le guidon, voila pour la ceinture, voila pour les boucles & ce qui despend de la ceinture, voila pour toy, voila pour moy, tout pour toy, rien pour moy, & tout pour le service de Dieu, & du Roy, si tu n'eusse point offencé, ton cul ne l'eusse point payé.

Pour vn qui porte la Hallebarde, faut dire,

Voila pour le casier, voila pour la hampe, voila pour les quatre bandes, voila pour le crochet, voila pour la lame, voila pour le cloux qui passe au travers, vous sçauez qu'il en faut un, y en a-il un à la vostre? voila pour tous les cloux , & s'il est besoing, nous les conterons.

Et doit le parrain dire à celuy qui reçoit le Morion,
Et mon amy il y a deux mille en parade qui ne
sçavent pas que tu es icy.   Passe Morion, Morion passera ton cul le payera, si tu n'eusse
point offensé dans le Corps de garde, ton
chien puant de cul n'eust point esté battu.

Finis coronat opus.